en Calle de la Lectura

¿QUÉ FUE?

Glenview, Illinois • Boston, Massachusetts • Chandler, Arizona
Shoreview, Minnesota • Upper Saddle River, New Jersey

—¡Mira esa abolladura! —dice Bárbara.

—Qué fue eso?

¿Qué hizo eso? —dice Melvin.

—Fue un camión.

Casi bota la caseta —dice Bárbara.

—¿Qué camión lo hizo? —dice Melvin.

—Deja que lo averigüe —pide Bárbara—. Mira, dejó una raya azul.

—¡Fue un camión azul! —dice Melvin—.
¿Vico, Gregorio, Max, Pepe Pesado?

—¡Mira, Melvin! —nota Bárbara—.

Aquí hay otra seña.

Esta seña dice mucho.

—Sí, ya no hay duda —dice Melvin—.
Sólo un camión deja una seña como ésta.

—¡Sólo Pepe! —chilla Melvin.

—¡Sólo Pepe Pesado! —repite Bárbara.